ANDRZEJ MOSZCZYŃSKI jest autorem 23 książek, 34 wykładów oraz 3 kursów. Pasjonuje go zdobywanie wiedzy z obszaru psychologii osobowości i psychologii pozytywnej.
Ponad 700 razy wystąpił jako prelegent podczas seminariów, konferencji czy kongresów mających charakter społeczny i charytatywny.

Regularnie się dokształca i korzysta ze szkoleń takich organizacji edukacyjnych jak: Harvard Business Review, Ernst & Young, Gallup Institute, PwC.

Jego zainteresowania obejmują następujące tematy: potencjał człowieka, poczucie własnej wartości, szczęście, kluczowe cechy osobowości, w tym między innymi odwaga, wytrwałość, wnikliwość, entuzjazm, wiara w siebie, realizm. Obszar jego zainteresowań stanowią również umiejętności wspierające bycie zadowolonym człowiekiem, między innymi: uczenie się, wyznaczanie celów, planowanie, asertywność, podejmowanie decyzji, inicjatywa, priorytety. Zajmuje się też czynnikami wpływającymi na dobre relacje między ludźmi (należą do nich np. miłość, motywacja, pozytywna postawa, wewnętrzny spokój, zaufanie, mądrość).

Od ponad 30 lat jest przedsiębiorcą. W latach dziewięćdziesiątych był przez dziesięć lat prezesem spółki działającej w branży reklamowej i obejmującej zasięgiem cały kraj. Od 2005 r. do 2015 r. był prezesem spółki inwestycyjnej, która komercjalizowała biurowce, hotele, osiedla mieszkaniowe, galerie handlowe.

W latach 2009-2018 był akcjonariuszem strategicznym oraz przewodniczącym rady nadzorczej fabryki urządzeń okrętowych Expom SA. W 2014 r. utworzył w USA spółkę wydawniczą. Od 2019 r. skupia się przede wszystkim na jej rozwoju.

Inaczej o dobrym i mądrym życiu to książka o umiejętności stosowania strategii osiągania wartościowych celów. Autor opisuje 22 aspekty, które prowadzą do bycia mądrym. W jakim znaczeniu mądrym?

Mądry człowiek jest skupiony na działaniu ukierunkowanym na podnoszenie jakości życia, zarówno swojego, jak i innych. O tym jest ta książka: o byciu szczęśliwym, o poznaniu siebie, by zajmować się tym, w czym mamy największy potencjał, o rozwinięciu poczucia własnej wartości, które jest podstawowym czynnikiem utrzymywania dobrych relacji z samym sobą i innymi ludźmi, o byciu odważnym, wytrwałym, wnikliwym, entuzjastycznym, posiadającym optymalną wiarę w siebie, a także o byciu realistą.

Mądrość to umiejętność czynienia tego, co szlachetne. Z takiego podejścia rodzą się następujące czyny: nie osądzamy, jesteśmy tolerancyjni, życzliwi, pokorni, skromni, umiejący przebaczać. Mądry człowiek to osoba asertywna, wyznaczająca sobie pozytywne cele, ustalająca priorytety, planująca swoje działania, podejmująca decyzje i przyjmująca za nie odpowiedzialność. Mądrość to też zaufanie do siebie i innych, bycie zmotywowanym i posiadającym jasne wartości nadrzędne (do których najczęściej należą: miłość, szczęście, dobro, prawda, wolność).

Autor książki opisuje proces budowania mentalności bycia mądrym. Wszechobecna indoktrynacja jest przeszkodą na tej drodze. Jeśli jakaś grupa nie uczy tolerancji, przekazuje fałszywy obraz bycia zadowolonym człowiekiem, to czy można mówić o uczeniu się mądrości? Zdaniem autora potrzebujemy mądrości niemal jak powietrza czy czystej wody. W tej książce będziesz wielokrotnie zachęcany do bycia mądrym, co w rezultacie prowadzi też do bycia szczęśliwym i spełnionym.

Szczegóły dostępne na stronie:
www.andrewmoszczynski.com

Andrzej Moszczyński

Co potrafi człowiek?

2021

© Andrzej Moszczyński, 2021

Korekta oraz skład i łamanie:
Wydawnictwo Online
www.wydawnictwo-online.pl

Projekt okładki:
Mateusz Rossowiecki

Wydanie I

ISBN 978-83-65873-04-0

Wydawca:

ANDREW MOSZCZYNSKI
I N S T I T U T E

Andrew Moszczynski Institute LLC
1521 Concord Pike STE 303
Wilmington, DE 19803, USA
www.andrewmoszczynski.com

Licencja na Polskę:
Andrew Moszczynski Group sp. z o.o.
ul. Grunwaldzka 472
80-309 Gdańsk
www.andrewmoszczynskigroup.com

Licencję wyłączną na Polskę ma Andrew Moszczynski Group sp. z o.o. Objęta jest nią cała działalność wydawnicza i szkoleniowa Andrew Moszczynski Institute. Bez pisemnego zezwolenia Andrew Moszczynski Group sp. z o.o. zabrania się kopiowania i rozpowszechniania w jakiejkolwiek formie tekstów, elementów graficznych, materiałów szkoleniowych oraz autorskich pomysłów sygnowanych znakiem firmowym Andrew Moszczynski Group.

Ukochanej Żonie
Marioli

SPIS TREŚCI

Wstęp	9
Rozdział 1. Przełomowe momenty w historii ludzkości	11
Rozdział 2. Inspirujące postacie historyczne i ludzie nam współcześni	29
Rozdział 3. Możliwości ludzkiego umysłu	39
Rozdział 4. Możliwości ludzkiego ciała	49
Rozdział 5. Potęga podświadomości	53
Co warto zapamiętać?	59
Bibliografia	61
O autorze	77
Opinie o książce	83
Dodatek. Cytaty, które pomagały autorowi napisać tę książkę	87

Wstęp

Nawet najdłuższa podróż zaczyna się od pierwszego kroku, jednak krok ten bywa zwykle najtrudniejszym jej etapem.

Z moich doświadczeń wynika, że pierwszym krokiem na drodze do poprawy naszego życia jest rozpoznanie własnego potencjału, możliwości i predyspozycji, które posiadamy. Jedni ludzie osiągają stan spełnienia, podczas gdy życie drugich to właściwie ciągłe poszukiwanie sensu życia. Czym się różnią?

Otóż ci pierwsi mają świadomość własnego potencjału i prawie nieograniczonych możliwości, potrafią je u siebie wskazać i na tej podstawie precyzyjnie określić życiowe cele, zwizualizować je w najdrobniejszych szczegółach i dobrać środki do ich osiągnięcia. Wiedzą, co mogą zrealizować, a czego nie, bo dobrze znają samych siebie.

Ludźmi kierują wyższe cele niż tylko utrzymanie się przy życiu i wydanie na świat potomstwa – wielu z nas pragnie wyjść poza przyziemne, egoistyczne dążenia i ma wyższe aspiracje: dążenie do pełni szczęścia, satysfakcji i spełnienia w głębokim, duchowym sensie. Co mam na myśli?

Chodzi mi o kierunki, w jakich możemy rozwijać swój potencjał. Myślę też o przełomowych dla losów ludzkości wynalazkach, o ludziach z pozoru zupełnie zwyczajnych, którzy pokonywali granice swoich możliwości i realizowali cele, jakie dotąd wydawały się nieosiągalne. O bohaterach, którzy na stałe zapisali się w historii. Pragnę byś i Ty uświadomił sobie swoją wyjątkowość, swoje możliwości. I byś zaczął działać ☺.

Rozdział 1

Przełomowe momenty w historii ludzkości

Każdy z nas na co dzień korzysta z większości osiągnięć nauki, ale najczęściej nie zastanawiamy się nad tym, jak wielka determinacja, wiara w siebie i pasja były udziałem ich twórców. Warto pamiętać, że niektórzy z nich pozostawali niedocenieni do końca życia, a wielu to bezimienni bohaterowie, których nigdy nie będzie dane nam poznać. Niemniej jednak ich dokonania pozwalają nam zobaczyć, jak wielki potencjał tkwi w człowieku i do czego jest on zdolny, gdy odpowiednio pokieruje swoim życiem.

Pierwszym przełomowym odkryciem w historii ludzkości był **ogień**. Początkowo człowiek starał się jedynie podtrzymywać płomień, aby później rozwinąć także umiejętność rozniecania go. Prawdopodobnie odkrycie to w dużym stopniu odpowiada za przetrwanie naszego gatunku.

Drugim w hierarchii ważności wynalazkiem jest **koło**. Bez niego świat, jaki znamy, nigdy by nie zaistniał, bo koło znajduje zastosowanie niemal wszędzie – we wszelkiego rodzaju pojazdach i maszynach.

Wynalezienie **alfabetu i pisma** to kolejny kamień milowy w rozwoju cywilizacji i kultury. Odtąd ludzie mogli zacząć utrwalać swoje myśli, idee, odkrycia i przekazywać je następnym pokoleniom, przed którymi mogły one odtworzyć historię przodków.

Dziś nie wyobrażamy sobie życia bez **kalendarza**. Pomysł jego powstania pojawił się niezależnie w kilku miejscach na świecie. Dominowały dwie odmienne koncepcje, obie wynikające z obserwacji przyrody i zachodzących w niej prawidłowości. Pierwsza opierała się na zmienności faz księżyca, druga bazowała na ruchach słońca i porach roku.

O wynalezieniu **papieru** opowiada stara chińska legenda. Według kronik z czasów dynastii

Han papier stworzył w 105 roku n.e. dostojnik cesarski Caj Lun. Przy pierwszych eksperymentach posługiwał się korą drzewną, włóknami konopi i lnianymi szmatami.

Kolejnym wielkim przełomem w historii ludzkości było wynalezienie **druku**, który powstał po wymyśleniu papieru. Za pierwszą wydrukowaną w całości książkę uważa się *Sutrę Diamentową* z 868 roku.

Chciałbym też wspomnieć o wynalazkach, które zrewolucjonizowały dziedzinę transportu ludzi i towarów. Mam tu na myśli pojazdy poruszane czymś innym niż siła ludzkich lub zwierzęcych mięśni.

Pierwszym **pojazdem mechanicznym** był wóz artyleryjski napędzany tłokowym silnikiem parowym, zbudowany w 1769 roku przez francuskiego inżyniera wojskowego Nicolasa Josepha Cugnota.

Jednak największą karierę zrobił pojazd wyposażony w silnik spalinowy napędzany benzyną. Pierwszy został zaprezentowany w 1875 roku w Wiedniu przez austriackiego wynalazcę

Siegfrieda Marcusa. Posiadał jednocylindrowy silnik o mocy 0,75 koni mechanicznych, który pozwalał na poruszanie się z prędkością zaledwie 4 km/h.

Przełom nastąpił w 1883 roku, gdy niemiecki konstruktor Gottlieb Daimler przedstawił swój szybkobieżny silnik benzynowy. W roku 1886 na ulice wyjechał pierwszy pojazd z podobnym silnikiem skonstruowany przez kolejnego niemieckiego inżyniera Karla Benza. W 1926 roku przedsiębiorstwa obu konstruktorów po latach zażartej konkurencji połączyły swoje siły, tworząc firmę Daimler-Benz.

Wraz z wprowadzeniem przez amerykańskiego przemysłowca Henry'ego Forda taśmy produkcyjnej i pojawieniem się pierwszego modelu Forda T rozpoczęła się era masowej motoryzacji, która trwa do dziś.

Oczywiście jeszcze bardziej doniosłym krokiem w dziejach ludzkości było wzbicie się w powietrze.

Trudno nam wyobrazić sobie dzisiejsze życie bez pojazdów mechanicznych, ale chyba jeszcze trudniej byłoby nam żyć bez **elektryczności**. Pewne zjawiska elektryczne znano już w czasach przedhistorycznych, jednak niektóre, jak choćby uderzenie pioruna, budziły wówczas tak silny strach, że nawet nie próbowano ich badać. Dopiero starożytni Grecy zgłębili proste zjawiska elektrostatyczne, odkryli na przykład, że bursztyn pocierany kawałkiem tkaniny potrafi przyciągać drobiny i pyłki.

Od czasu tych nieskomplikowanych konstatacji do upowszechnienia się elektryczności na skalę masową minęło wiele setek lat. Wyraźny postęp w tej dziedzinie nastąpił dopiero w XVII wieku, kiedy stworzono pojęcie prądu elektrycznego. Złoty okres elektrotechniki przypadł na przełom XVIII i XIX wieku. Wtedy to Anglik Michael Faraday opracował podstawy elektromagnetyzmu. Jednocześnie Włoch Alessandro Volta zbudował pierwsze ogniwo elektryczne.

Z czasem udało się ustalić i opisać najważniejsze prawa rządzące elektrycznością. Wkrótce ta nowa dziedzina wiedzy zaczęła być wykorzystywana w praktyce. Powstały telegraf, telefon, żarówka i fonograf. Thomas Edison zbudował pierwszą elektrownię i pionierską miejską sieć elektryczną.

Dzisiaj rzadko się nad tym zastanawiamy, jednak oczywiste jest, że współczesna cywilizacja nie mogłaby istnieć bez elektryczności. Naukowcy poszukują obecnie tańszych metod pozyskiwania, wytwarzania i przekształcania energii elektrycznej oraz zwiększania wydajności istniejących urządzeń. W tej dziedzinie nadal pozostaje wiele do odkrycia. Może właśnie Tobie uda się wprowadzić jakąś innowację, wynaleźć coś i przejść do historii? Czas pokaże. Ale pamiętaj, że zawsze warto być ciekawym świata i szukać nowych rozwiązań.

Wraz z upowszechnieniem się elektryczności wkraczamy w erę wynalazków, których pojawienie się i funkcjonowanie nie byłoby możliwe bez prądu. Wspomnę o kilku z nich.

Dzisiaj w każdym domu znajduje się **lodówka**. Dzięki niej możliwe jest przechowywanie pożywienia i utrzymywanie go w stanie świeżości przez długi czas. Oczywiście ludzie od stuleci widzieli, że chłodne miejsca sprzyjają żywności, jednak do roku 1879, kiedy to niemiecki inżynier Carl von Linde wyprodukował pierwszą domową lodówkę, mało kto ośmielał się marzyć o posiadaniu w swoim domu urządzenia chłodzącego. Na ich upowszechnienie trzeba było zresztą poczekać, ponieważ dopiero w roku 1913, równocześnie w Europie i USA, została wyprodukowana pierwsza lodówka elektryczna. Nie trzeba chyba wspominać, że początkowo koszt tego urządzenia był gigantyczny – pierwsze chłodziarki produkowane w Europie przez firmę AEG kosztowały tyle, co dom lub niewielkie gospodarstwo.

Wynalazca **radia**, Guglielmo Marconi, pracował nad tym urządzeniem w latach 1895-1897, a w roku 1901 po raz pierwszy przesłał sygnał radiowy przez Atlantyk. Równocześnie nad tym samym projektem pracował serbski wynalazca Nicola Tesla, który spierał się potem sądownie z Marconim o pierwszeństwo i możliwość opatentowania wynalazku. Ostatecznie w 1943 roku sąd przyznał prawa patentowe Tesli. Wyrok ogłoszono po śmierci wynalazcy, przez co powszechnie za twórcę radia uznaje się Marconiego, mimo iż przyznał się on do wykorzystania w swoim projekcie wcześniejszych prac Tesli. W każdym razie wynalazek ten całkowicie zmienił świat. Już po dwudziestu latach od pierwszej transmisji odbiorniki radiowe znalazły się w milionach domów na świecie. Radio stało się medium służącym rozpowszechnianiu informacji i rozrywce.

Od wynalezienia radia do upowszechnienia się **telewizji** upłynęło wiele czasu. Dzisiaj jednak niektórzy z nas nie potrafiliby już żyć bez telewizora. Pierwsza transmisja ruchomego czarno-białego obrazu miała miejsce 30 października 1925 roku i była dziełem szkockiego inżyniera Johna Logie Bairda.

W 1928 roku w Wielkiej Brytanii pracę rozpoczęła pierwsza eksperymentalna telewizyjna stacja nadawcza. Program emitowano trzy razy w tygodniu, a obraz składał się zaledwie z 24 linii telewizyjnych. Dopiero w roku 1931 telewizję po raz pierwszy zademonstrowano szerokiej publiczności. Pięć lat później, również w Wielkiej Brytanii, rozpoczęto nadawanie cyklicznych audycji.

Pierwszy kolorowy program emitowała amerykańska stacja CBS od 1951 roku, ale kolorowe odbiorniki telewizyjne zaczęły masowo pojawiać się w amerykańskich domach dopiero od roku 1965. Początkowo były one bardzo duże, ciężkie, a jakość obrazu pozostawiała wiele do życzenia. Upłynęło sporo czasu, zanim przekształcono je w popularne obecnie telewizory plazmowe czy LCD, a sam obraz zyskał cyfrową formę.

Z innym ważnym w dziejach ludzkości wynalazkiem wiąże się pewna nieścisłość. Otóż **telefonu** nie wynalazł, jak się powszechnie sądzi, Alexander Graham Bell. On jedynie opatentował ten wynalazek. Za twórcę telefonu powinniśmy uznać włoskiego wynalazcę Antonio Meucciego, który w 1857 roku skonstruował pewną formę aparatu do komunikacji głosowej, prototyp telefonu. Nie miał jednak środków na jego opatentowanie. Pierwszy model stworzył, gdy zachorowała jego żona. Pani Meucci używała go do kontaktowania się z warsztatem męża z wnętrza domu. Później Włoch zmodernizował wynalazek tak, by można było porozumiewać się na znaczną odległość.

Wprowadzenie do użycia telefonu komórkowego wiąże się z wynalezieniem układów scalonych, co spopularyzowało bezprzewodową łączność radiotelefoniczną.

Telefon, najpierw stacjonarny, a w jeszcze większym stopniu komórkowy, stał się wynalazkiem, który nadał światu zupełne nowe oblicze.

Raczej rzadko zastanawiamy się nad dobrodziejstwami **łączności satelitarnej,** ale niewątpliwie technologia ta pełni doniosłą rolę we współczesnym świecie. Pierwszym obiektem, który został pomyślnie umieszczony na orbicie Ziemi, był radziecki satelita Sputnik 1, wyniesiony w przestrzeń kosmiczną 4 października 1957 roku.

Warto także wspomnieć o wynalezieniu **lasera**, który również ma wiele praktycznych zastosowań – od medycyny, poprzez kosmetologię, elektronikę, aż po nowoczesne uzbrojenie. Zjawisko wymuszonej emisji, na którym opiera się działanie lasera, teoretycznie rozważał już Albert Einstein. Jego istnienie zostało eksperymentalnie udowodnione w 1940 roku przez radzieckiego uczonego Valentina A. Fabrikanta. Następne badania przeprowadzono w USA. Pierwsze urządzenie noszące nazwę „laser" zostało zbudowane w 1954 roku. Dzisiaj z laserem spotykamy się na każdym kroku: w odtwarzaczu płyt CD, nagrywarce komputerowej, gabinecie lekarskim czy kosmetycznym.

Listę przełomowych wynalazków wieńczą **komputer** i **Internet**, które chyba najmocniej przyczyniły się do przeobrażenia społecznego, kulturowego i psychologicznego współczesnych ludzi.

Pierwszym właściwym komputerem, to znaczy maszyną zdolną do wykonywania różnych operacji matematycznych według zadanego jej programu i podającej wyniki w formie zapisu cyfrowego, było zbudowane w latach 1937--1944 przez Amerykanina Howarda H. Aikena urządzenie MARK-1. Dalszy szybki rozwój komputery zawdzięczają zastosowaniu w nich przekaźników elektronicznych, najpierw lampowych, a potem półprzewodnikowych. Pierwszy elektroniczny komputer ENIAC został zbudowany w 1946 roku. W roku 1950 powstał pierwszy komputer wykorzystywany do celów cywilnych.

Historia Internetu ma swój początek 29 września 1969 roku, kiedy to na Uniwersytecie Kalifornijskim w Los Angeles, w ramach eksperymentu prowadzanego na potrzeby wojska, zainstalowano pierwsze węzły sieci ARPANET.

W marcu 1989 roku Tim Berners-Lee oraz Robert Cailliau złożyli do CERN-u projekt stworzenia sieci dokumentów hipertekstowych o nazwie World Wide Web. W grudniu 1990 roku Tim Berners-Lee stworzył podstawy HTML i pierwszą stronę internetową. Dwa lata później powstała pierwsza graficzna przeglądarka WWW o nazwie Mosaic. Dalszy rozwój Internetu był tak dynamiczny, spontaniczny i wielotorowy, że trudno go dokładnie prześledzić.

Dzisiejsi użytkownicy Internetu to wielomiliardowa społeczność, która ciągle się powiększa. Dla coraz większej rzeszy ludzi jest to podstawowe medium, kanał komunikacji i źródło informacji, bez którego poczuliby się zupełnie bezradni i zagubieni.

Wyliczając największe osiągnięcia ludzkiego umysłu, nie sposób nie wspomnieć o przełomowych wynalazkach w dziedzinie medycyny, dzięki którym znacząco wydłużyło się nasze życie.

W 1929 roku pojawiała się **penicylina**, pierwszy antybiotyk, który umożliwił skuteczną walkę z większością bakteryjnych chorób zakaźnych. Przed jej upowszechnieniem wiele banalnych lub niespotykanych już dzisiaj dolegliwości powodowało śmierć.

Penicylinę odkrył w 1928 roku szkocki lekarz Alexander Fleming, jednak dopiero dziesięć lat później, we współpracy z australijskim farmakologiem Howardem Floreyem i angielskim biochemikiem Ernstem Chainem, udało mu się wyizolować czynny składnik hamujący rozwój bakterii chorobotwórczych. W 1939 roku ci trzej badacze założyli pierwszą na świecie wytwórnię penicyliny. Za swoje odkrycie zostali uhonorowani Nagrodą Nobla w 1945 roku.

Jak widać, czasami samo odkrycie nie wystarczy i aby uczynić je powszechnie użytecznym, potrzeba wsparcia innych ludzi. Dopiero połączenie sił i talentów kilku osób prowadzi do sukcesu.

Tak samo ważnym jak penicylina wynalazkiem są **szczepionki** przeciwko ospie, wściekliźnie, cholerze, dżumie, gruźlicy, tężcowi i wielu innym chorobom. W dużo większym stopniu niż jakiekolwiek inne środki medyczne XX wieku przyczyniły się one do poprawy stanu zdrowia ludzi na całym świecie. Szczepionki radziły sobie z zakażeniami odpornymi na antybiotyki, dały też możliwość poszerzenia profilaktyki leczenia wielu chorób, wobec których wcześniej medycyna była bezradna. Pierwsza, wynaleziona w roku 1923 roku, chroniła przed gruźlicą.

Kolejną ważną dziedziną medycyny, w której także dokonał się ogromny postęp, jest **transplantologia**. Historia przeszczepów sięga połowy XX wieku. Początki nie były udane, ale za to dziś aż 80 proc. chorych żyje przez co najmniej 5 lat po przeszczepie, niektórzy 20, a rekordziści nawet 40 lat. Pierwszy przeszczep serca przeprowadzono w 1967 roku. Dokonał tego Christiaan Barnard ze szpitala w Kapsztadzie.

Wspomnę jeszcze o wielkim naukowym osiągnięciu, jakim było **zrozumienie struktury DNA** – wpłynęło to na wszystkie dziedziny biologii. Współczesna nauka o genach ma swój początek w badaniach z 1869 roku, kiedy to Johann Friedrich Miescher, niemiecki chemik, odkrył, że materiał wyizolowany z jąder ludzkich komórek nie jest białkiem. W 1953 roku James Watson i Francis Crick, dwaj młodzi naukowcy pracujący na Uniwersytecie w Cambridge w Anglii, na podstawie dostępnych fizycznych i chemicznych informacji ustalili, że DNA ma strukturę podwójnej helisy. Opisanie struktury DNA i odkrycie jego kluczowej roli w dziedziczeniu to koronne osiągnięcia genetyki.

Obecnie bardzo żywiołowo rozwija się **genomika,** dziedzina biologii molekularnej zajmująca się analizą genomu różnych organizmów. Głównym jej celem jest poznanie sekwencji materiału genetycznego oraz badanie genomu. Najnowsze badania wykazują, że dzięki genom moglibyśmy wykrywać u ludzi skłonności do zapadania na różne choroby i zapobiegać ich rozwojowi na bardzo wczesnym etapie. Opieka medyczna mogłaby w ten sposób dostosować się do indywidualnych, genetycznie uwarunkowanych potrzeb każdego człowieka.

Powyższa lista wynalazków i odkryć, mimo że imponująca, nie jest oczywiście pełna. Ograniczyłem się jedynie do wyliczenia tych, które moim zdaniem są dla ludzkości najważniejsze.

Warto też pamiętać, że nadal istnieje wiele niezbadanych zjawisk. Świat przyrody, głębiny oceanów czy kosmos wciąż są dla naukowców wielkim wyzwaniem. Wiele wynalazków technicznych miało swoje pierwotne źródło w uważnej obserwacji natury. Istnieje nawet osobna dziedzina nauki – **bionika**, wyspecjalizowany dział inżynierii biologicznej zajmujący się szczegółowym badaniem procesów odkrytych w przyrodzie pod kątem możliwości ich wykorzystania. Radary i systemy lokalizacji dźwiękowej opierają się na badaniu tej zdolności u nietoperza. System wideo funkcjonuje na zasadzie bardzo zbliżonej do działania ludzkiego oka. W Republice Południowej Afryki stworzono kompleks budynków, w którym system darmowej wentylacji i chłodzenia wzorowano na pionowych kanałach w kopcach termitów. Obserwacja świata przyrody była także z powodzeniem wykorzystywana przez konstruktorów samolotów, pojazdów podwodnych oraz tych przeznaczonych do eksploracji obcych planet.

Rozdział 2

Inspirujące postacie historyczne i ludzie nam współcześni

Biografie i dokonania innych ludzi są nieocenionym źródłem motywacji, z którego powinniśmy czerpać. Zgłębiając tajemnice sukcesów, historie zmagań i ciężkich prób, którym byli poddawani inni ludzie, odkrywamy, że właściwie każdy z nas posiada potencjał do osiągania znaczących i ambitnych celów.

Ludzie, których sylwetki tu przedstawiam, tak naprawdę różnią się od nas jedynie odrobiną pasji, niesłabnącą motywacją i wiarą w siebie. Myślę, że każdy może w sobie odkryć i rozbudzić te przymioty. Także i Ty. Ma w tym pomóc książka, którą trzymasz w ręku. Jednak istnieje pewne niebezpieczeństwo, przed którym chciałbym Cię ostrzec.

Otóż studiując biografie znanych osób, można natknąć się na ludzi, którzy co prawda osiągnęli sukces w jakiejś dziedzinie, dokonali wiekopomnych odkryć, wielokrotnie pobijali rekordy, jednak mimo to nie możemy o nich mówić jako o ludziach prawdziwie szczęśliwych i spełnionych. Za swoje osiągnięcia zapłacili oni bowiem wysoką cenę, cenę rezygnacji z innych sfer życia. Sukcesy naukowe, finansowe, zawodowe czy sportowe odnieśli kosztem rodziny, bliskich, rozwoju osobistego czy duchowego. W rezultacie byli samotni i nieszczęśliwi. Dlatego też nigdy nie zapominajmy, że prawdziwy sukces polega na harmonijnym rozwoju w każdej z istotnych dziedzin życia. Liczmy się z tym, że każdy wyczyn niesie ze sobą koszty w innych sferach i dobrze zastanówmy się, czy nasze dążenia warte są tej ceny, czy nie zaniedbamy tym samym czegoś prawdziwie ważnego.

Zapraszam zatem do zapoznania się z sylwetkami ludzi, którzy rozwinęli i wykorzystali swój potencjał i dzięki temu przeszli do historii.

William Szekspir, powszechnie uważany za największego pisarza w historii ludzkości, stworzył 38 sztuk, 154 sonety i wiele poematów. Mimo że już za życia cieszył się popularnością, największą sławę zyskał śmierci. Dzieła Szekspira przetłumaczono na wszystkie najważniejsze języki nowożytne, a inscenizacje jego sztuk wciąż cieszą się niesłabnącą popularnością. Trudno przecenić wpływ Szekspira na literaturę i teatr. Dzięki niemu rozwinął się teatr elżbietański, jego sztuki zostały docenione przez intelektualistów, zadowalając jednocześnie mniej wybredne gusta łaknące jedynie czystej rozrywki. Szekspir miał talent do tworzenia powiedzeń i zwrotów, które na stałe weszły do powszechnego użycia i są popularne nawet wśród ludzi, którzy jego dzieł nigdy nie czytali. Był i nadal jest inspiracją dla pisarzy i poetów. Jego utwory wpłynęły także na życie wielu przeciętnych ludzi, którzy znajdowali w nich bliskie sobie treści. Szekspir miał talent do wyrażania myśli, idei i uczuć, które właściwe są wszystkim ludziom bez względu na epokę, w której żyją – są ponadczasowe i uniwersalne, pomagają uchwycić sens ludzkiej egzystencji. Angielski dramaturg jest przykładem geniusza, który do perfekcji opanował sztukę posługiwania się słowem i dzięki temu zapisał się na trwałe w historii ludzkości. Zachęcam do poznania dzieł Szekspira. Być może będą miały one inspirujący wpływ również na Ciebie.

Michał Anioł, wielki artysta Odrodzenia, zapamiętany został jako wspaniały malarz, rzeźbiarz i architekt. Jego dzieła zachwycają od ponad czterech stuleci, wywarły także wielki wpływ na dalszy rozwój malarstwa i rzeźby w Europie. Talent Michała Anioła ujawnił się bardzo wcześnie. W wieku trzynastu lat oddano go na nauki do sławnego wówczas mistrza Ghirlandaia we Florencji. Zaledwie dwa lata później młodzieniec zamieszkał w pałacu Medyceuszy i trafił pod opiekę władcy Florencji, Wawrzyńca Wspaniałego. Swoje dzieła tworzył na zamówienie władców i papieży. Podziw dla kunsztu Michała Anioła wzbudzają choćby monumentalne freski zdobiące sklepienie Kaplicy Sykstyńskiej w Rzymie, doskonałe posągi Dawida, Mojżesza czy piety zachwycające precyzją wykonania i dbałością o detal. Nadal są obiektem niesłabnącego podziwu i niedoścignionym wzorem dla wielu artystów. Kluczem do sukcesu Michała Anioła była jego niezmierna pracowitość i dbałość o szczegóły. Był perfekcjonistą i wiedział, że stworzenie doskonałego dzieła wymaga czasu. Mimo twardych warunków, jakie stawiał swoim zleceniodawcom (praktyka niezbyt powszechna w owych czasach), to właśnie jemu papieże i świeccy władcy zlecali wykonanie najważniejszych rzeźb i malowideł. Artysta poświęcał dużo czasu na tworzenie odpowiednich fundamentów swoich prac. Osobiście angażował się w wybór i przygotowanie materiałów rzeźbiarskich, farb i innych surowców; dużo eksperymentował w tym zakresie. Pracując nad rzeźbą, uważnie studiował i poprawiał każdy jej milimetr, był w stanie dostrzec i dopracować setki szczegółów swego dzieła. Praca była dla niego przede wszystkim pasją, której poświęcał się w stu procentach. Jeśli wkładamy cały swój talent, zaangażowanie i wysiłek w to, co robimy, jeśli dajemy z siebie wszystko, dobrze planujemy i dbamy o szczegóły, nie będziemy narzekać na brak pracy czy słów uznania. Inni sami nas znajdą i będą zabiegali o naszą uwagę i czas.

Prawdopodobnie najwybitniejszym i najbardziej wszechstronnym geniuszem w historii ludzkości był **Leonardo da Vinci**. W swoich szkicach Leonardo zawarł pomysły wielu skonstruowanych dużo później urządzeń i maszyn, m.in.: samolotu, helikoptera, czołgu, łodzi podwodnej. Jego słabością była niemożność skupienia się na dokończeniu rozpoczętych prac. Zapamiętany został jednak głównie jako genialny malarz, a dwa z jego dzieł, *Mona Lisa* i *Ostatnia Wieczerza*, to najsławniejsze obrazy świata. Studia Leonarda nad anatomią człowieka stały się impulsem do rozwoju tej dziedziny nauki. Da Vinci interesował się także fauną, florą, hydrologią, filozofią, architekturą i wieloma innymi dziedzinami. Właśnie wszechstronność była główną cechą człowieka Renesansu, a Leonardo da Vinci był wzorem dla ludzi tej epoki, rozwijał swój potencjał i możliwości twórcze w każdej z dostępnych mu dziedzin.

Kolejny przykład dotyczy kobiety odważnej i pełnej wiary. Sukces **Mary Kay Ash** był rezultatem połączenia nietypowego podejścia do rynku, pasji i nadrzędnego celu, jaki sobie postawiła – rozwój kobiet: osobisty, zawodowy i finansowy. Swoją firmę, zajmującą się bezpośrednią sprzedażą kosmetyków, założyła w wieku 45 lat, a historia jej kariery uczy, że nigdy nie jest zbyt późno, by rozpoczynać coś nowego i uczyć się nieznanych wcześniej rzeczy. Oczywiście z wiekiem coraz trudniej nam podejmować nowe wyzwania, ale nie jest to przecież niemożliwe. Zwłaszcza, jeśli ma się pozytywne nastawienie do świata, wiarę w siebie i niesłabnącą chęć aktywnego uczestnictwa w życiu. Ważne jest, by stale wyznaczać nowe cele. Dzięki nim łatwiej jest rozpalić w sobie ogień entuzjazmu. Wyjątkowość firmy Ash polegała na tym, że pracowały w niej wyłącznie kobiety, które założycielka nazywała współpracownicami, a nie pracownicami. Było to w tamtych czasach niemałą rewolucją. Trzeba zaznaczyć, że w 1963 roku, kiedy rodziła się firma Ash, kobiety przede wszystkim zajmowały się domem i nie były aktywne zawodowo, a dzięki inicjatywie tej wyjątkowej osoby otrzymały szansę realizowania się na gruncie zawodowym i uzyskania finansowej niezależności. Mary Kay Ash potrafiła zainspirować pracujące dla niej kobiety, wzbudzać w nich entuzjazm, dzięki któremu osiągały one niespotykane wyniki. Stosowała nowatorskie jak na owe czasy metody motywowania. Opierały się one na rozpoznaniu prawdziwych potrzeb kobiet – uznania, docenienia, szacunku i samorealizacji. Firma zapewniała swoim współpracownicom także wsparcie emocjonalne, którego nie znajdowały u bliskich. Ze skromnego sklepu w Dallas firma Ash rozrosła się szybko w ogromną korporację generującą roczne obroty na poziomie setek milionów dolarów. W 1976 roku stała się pierwszym kierowanym przez kobietę przedsiębiorstwem notowanym na nowojorskiej giełdzie papierów wartościowych. Obecnie firma Ash współpracuje z prawie dwoma milionami konsultantek działających na ponad 30 rynkach całego świata. Firma Mary Kay Ash nie tylko odniosła ogromny sukces biznesowy, przyczyniła się też do ekonomicznego wyzwolenia amerykańskich kobiet i ich aktywizacji zawodowej. Jeszcze dziś odwaga, wizja i niezachwiana wiara w sukces, jakimi emanowała Mary Key Ash, inspirują kobiety na całym świecie do odkrywania i wykorzystywania swojego potencjału i urzeczywistniania marzeń.

Mimo że ludzie, których opisałem, są godni podziwu, nie traktuj ich, proszę, jak niedościgły wzór. Oni też miewali wątpliwości, ponosili porażki, tracili wiarę w siebie. Niektórzy z nich to niewątpliwie geniusze, ale przecież są wśród nich ludzie, których moglibyśmy nazwać przeciętnymi. Niektórzy żyli bardzo skromnie i za życia w ogóle nie byli znani, doceniono ich dopiero po śmierci. Najważniejsze jednak, że wszyscy oni przeszli do historii nie dlatego, że mieli potencjał, ale dlatego, że odważyli się ten potencjał wykorzystać i zaczęli działać, by osiągnąć swój cel. Próbowali, nie zniechęcali się porażkami i wytrwale parli do przodu.

Do tego właśnie chcę Cię zachęcić. Chcę, byś poznał ogromne możliwości człowieka i zrozumiał, że ma je każdy z nas. Tylko od naszych chęci i pracy zależy, czy skorzystamy ze swojego daru. Przypomina mi się powiedzenie: „Chęć szuka sposobu, niechęć powodu". Choć myśl ta sama w sobie jest prosta, tkwi w niej głęboka mądrość.

Rozdział 3

Możliwości ludzkiego umysłu

Z pewnością ludzki mózg jest najbardziej skomplikowanym tworem we wszechświecie. Dowiedz się więcej o jego budowie, działaniu i możliwościach, poczytaj o tym choć przez godzinę, a na pewno nabierzesz dystansu do wielu problemów.
Tajemnica możliwości człowieka kryje się w głównej mierze w umyśle, którego fenomen chciałbym pokrótce przybliżyć. Przez wiele lat naukowcy przyrównywali ludzki mózg do komputera. Dzisiaj wiemy już, że jest to porównanie bardzo nieadekwatne. Mózg składa się **z około 50 miliardów neuronów i biliarda synaps**, przez które przepływa około 10 biliardów impulsów na sekundę. Nawet najnowocześniejszy i najbardziej skomplikowany komputer wydaje się prymitywny w porównaniu z tymi danymi.

Komputer ma oczywistą przewagę nad człowiekiem w nielicznych aspektach – szybkości dokonywania obliczeń i bezbłędnym powtarzaniu tysiące razy tych samych czynności. Potrafi określić prawdopodobieństwo zaistnienia pewnych zdarzeń, ale nie wyciągnie z nich żadnych nowych wniosków ponad te, które zostały mu uprzednio przez człowieka zaprogramowane. Słowem, nie zanosi się, żeby w przewidywalnej przyszłości maszyna była w stanie stworzyć nową jakość myślenia.

Filozofia, najogólniejsza refleksja dotycząca całej rzeczywistości, traktowana jako nauka nauk, przez wieki poszukuje wiedzy prawdziwej, dającej podstawy wszystkiemu, co tworzy ludzki umysł. Dlatego powstał wyrafinowany język matematyki, którym posługują się naukowcy. Moja żona, która jest fizykiem, właśnie dzięki znajomości matematycznych prawidłowości występujących we wszechświecie ostatecznie upewniła się w swej wierze w Boga.

Nasz umysł jest strukturą plastyczną, podlegającą ciągłym zmianom. O jego rozwoju decydują zarówno informacje, jakie do niego wprowadzamy poprzez zmysły, jak i to, o czym myślimy. Mózg zmienia się pod wpływem doświadczeń, jakie są naszym udziałem w ciągu całego życia. Na sprawność umysłową ma również wpływ aktywność intelektualna. Zdaniem naukowców, mózg ludzi aktywnych umysłowo ma aż do 40 procent więcej połączeń (synaps) między komórkami nerwowymi (neuronami) niż mózg osób intelektualnie leniwych.

Wydaje się, że najważniejszą częścią mózgu, odpowiedzialną za naszą wyjątkowość, jest **płat czołowy**. Kora przedczołowa u człowieka stanowi bowiem dużą i plastyczną powierzchnię, u zwierząt jest zaś słabo rozwinięta lub nie ma jej wcale. Zwolennicy teorii ewolucji nie potrafią racjonalnie wytłumaczyć tej jakościowej przepaści pomiędzy mózgiem człowieka a mózgami zwierząt. Ja skłaniam się ku przekonaniu, że była to wola Boga, który po prostu stworzył człowieka z tak wyjątkowym umysłem.

Za korą przedczołową jest opasujący głowę pas kory ruchowej. Tworzą ją miliardy neuronów mających połączenia z mięśniami. Z tego obszaru mózgu pochodzi szczególna umiejętność wykonywania najbardziej precyzyjnych czynności manualnych za pomocą dłoni, kciuka i pozostałych palców, a także możliwość wykorzystywania jamy ustnej, warg, języka i mięśni twarzy do mówienia.

Ciekawą częścią mózgu jest znajdujący się w płacie skroniowym mózgu **hipokamp**, który ma duże znacznie dla pamięci świeżej i odgrywa ważną rolę w procesie uczenia się. To właśnie w tym obszarze następuje przenoszenie wspomnień z pamięci krótkotrwałej do długotrwałej. Badania dowiodły, że hipokamp może ulec uszkodzeniu pod wpływem dużego stresu. Ludzie, którzy są tego świadomi, unikają stresów, ponieważ wiedzą, że zabijają one kreatywność i zdolność prowadzenia dialogu wewnętrznego, który to jest jednym z kluczowych narzędzi pracy nad samorozwojem.

Jedną z najbardziej fascynujących umiejętności, w jakie wyposażony jest człowiek, jest zdolność do komunikacji za pomocą mowy.

W XVII wieku angielski myśliciel Tomasz Hobbes, poszukując odpowiedzi na pytanie, co odróżnia człowieka od świata natury, uznał, iż jest to właśnie mowa. Na co dzień traktujemy ją jako oczywistość, jednak jeśli głębiej przeanalizujemy temat, przekonamy się, że mówienie jest niezwykle skomplikowanym procesem.

Umiejętność ta ujawnia się bardzo wcześnie – każde zdrowe ludzkie dziecko zdobywa ją niemal błyskawicznie. Oczywiście zwierzęta również potrafią się komunikować, ale żaden inny gatunek nie rozwinął tak skomplikowanego systemu porozumiewania się, wymagającego również odpowiedniej budowy aparatu mowy.

Umiejętność mówienia jest najprawdopodobniej dziedziczona genetycznie, a słuchanie mowy rodziców decyduje jedynie o tym, który z ponad 4 tysięcy języków będzie naszym pierwszym. Struktura mózgowa odpowiedzialna za posługiwanie się językiem jest przystosowana (dziś moglibyśmy powiedzieć „zaprogramowana") do jego nauki. Kiedy już przyswoimy swój pierwszy język, „program" ten może zostać wyłączony, a jego zasoby skierowane ku innym procesom poznawczym.

Wykorzystanie nieprzebranych możliwości ludzkiego umysłu jako narzędzia do kształtowania własnego życia jest możliwe pod warunkiem, że poznamy i zgłębimy mechanizmy jego działania i procesy w nim zachodzące. Każdy z nas zapewne słyszał o ludziach, którzy mają genialną pamięć ejdetyczną, fotograficzną lub potrafią bardzo szybko czytać ze zrozumieniem czy prowadzić niezwykle skomplikowane obliczenia w pamięci. Każdy może rozwijać te i podobne umiejętności, ponieważ potencjał ludzkiego umysłu wykorzystujemy zazwyczaj zaledwie w kilkunastu procentach (choć nie jest to ostatecznie udowodnione).

Peter Russell, autor książek dotyczących świadomości i duchowego przebudzenia, w *The Brain Book* twierdzi, że kwestia zbadania tajemnic ludzkiego umysłu, mimo wielu lat badań, nadal pozostaje otwarta. Im więcej wiemy w tej materii, tym więcej pozostaje jeszcze do odkrycia.

Zachęcam do gruntownego przestudiowania tego tematu, bo wiedza o możliwościach umysłu zadziwia i zachwyca. Jestem przekonany, że dzięki niej każdy będzie w stanie obudzić w sobie pragnienie szukania własnej drogi rozwoju, która prowadzi do spełnienia i trwałego zadowolenia.

Wyznaczenie granic ludzkiego poznania to kluczowe zadanie, jakie postawił przed sobą niemiecki myśliciel XVIII wieku Immanuel Kant. Definiując podmiot, dokonał przełomowego dla filozofii odkrycia – tak ważnego, że nazwano go „przewrotem kopernikańskim" filozofii. Kant uznał, iż w procesie poznania podmiot warunkuje przedmiot. Z tego na pozór prostego twierdzenia wynikają ogromne konsekwencje – to człowiek kreuje rzeczywistość, tworzy i nazywa świat go otaczający i może go zmieniać[1].

---

[1] Problem granic ludzkiego poznania oraz koncepcję przewrotu kopernikańskiego I. Kant przedstawił w *Krytyce czystego rozumu*, Onepress, 2019.

Rozdział 4

Możliwości ludzkiego ciała

Rzadko zastanawiamy się, jak działają wewnętrzne układy naszego ciała. Uważamy to za oczywiste i normalne. Jako istoty myślące i inteligentne, powinniśmy bliżej przyjrzeć się własnemu organizmowi, który jest niezwykle pięknym i precyzyjnym mechanizmem. Takie zastanowienie nad ciałem, jego budową i funkcjonowaniem pozwoli nam docenić to, co już posiadamy, okazać za to wdzięczność.

Niestety najczęściej interesujemy się swoim ciałem i zdrowiem dopiero wtedy, gdy dzieje się z nim coś złego. Trafnie ujął to XVI-wieczny poeta, Jan Kochanowski, w jednej ze swoich fraszek: *Szlachetne zdrowie, nikt się nie dowie, jako smakujesz, aż się zepsujesz.*

A przecież analizując budowę i funkcjonowanie organizmu, nietrudno dojść do wniosku, że **ciało jest cudem**. Za przykład niezwykłości ludzkiego ciała niech posłuży nam poczęcie i rozwój dziecka w łonie matki. Organizm człowieka to wielka fabryka, jest w nim wszystko, czego potrzebujemy – nie tylko do fizycznego przetrwania, ale także do wyzwalania w sobie radości i szczęścia.

Ludzki organizm kryje w sobie siłę, moc i wytrzymałość. Kość człowieka jest trwała jak beton i jednocześnie dostatecznie elastyczna, by nie być zbyt łamliwą. Nasze mięśnie, więzadła i stawy są znacznie silniejsze i bardziej wytrzymałe, niż nam się wydaje. Poznajmy swoje ciało, przyjrzyjmy się dokładniej działaniu wszystkich jego układów: pokarmowego, oddechowego, sercowo-naczyniowego, limfatycznego, rozrodczego, nerwowego, odpornościowego itd. Zobaczmy, jaka moc i energia kryją się w ludzkim organizmie.

Kiedy zrozumiemy reguły funkcjonowania ciała, łatwiej nam będzie zaspokajać jego potrzeby w taki sposób, aby działało jak najlepiej.

Wiedza ta pozwoli podejmować odpowiedzialne decyzje w zakresie zdrowia i higieny życia.

W zdrowym ciele zdrowy duch – to stare przysłowie jest jak najbardziej prawdziwe. Dbając o ciało, zapewniamy sobie lepsze samopoczucie psychiczne, dzięki czemu jesteśmy bardziej życzliwie i optymistycznie nastawieni do świata.

O tym, że warto dobrze zarządzać swoim ciałem i zapewniać mu jak najlepsze warunki, zaświadczają aż nadto ludzie, którzy w zdrowiu dożyli bardzo sędziwego wieku, przekraczając granicę 100 lat. Najwięcej jest ich w Japonii, ponieważ trwałym elementem tamtejszej kultury jest zdrowy tryb życia i odżywiania. Pamiętajmy jednak, że stopniowe wydłużanie się ludzkiego życia jest także, w pewnym sensie, zasługą rozwoju cywilizacji. W czasach, gdy społeczeństwa nękały choroby, głód i ataki żywiołów, ludzie żyli o kilkadziesiąt lat krócej niż dziś. Dłużej żyjemy dzięki szczepionkom, antybiotykom, wiedzy o odpowiednim odżywianiu i trybie życia, a także dzięki ekonomicznym możliwościom.

Czas na inspirujący przykład. **Terry Fox** to człowiek, który przekroczył granice ludzkich możliwości. Był on studentem i sportowcem amatorem, zamierzał zostać nauczycielem wychowania fizycznego. Gdy miał 18 lat, zdiagnozowano u niego raka kości i by go ratować, lekarze musieli amputować mu nogę powyżej kolana. Przebywając w szpitalu, Terry bardziej niż swoją tragedię przeżywał cierpienie małych dzieci, które również zmagały się z chorobą nowotworową. Dlatego, nie bacząc na swoje kalectwo, zdecydował się przebiec trasę od wschodniego do zachodniego wybrzeża Kanady. W czasie biegu, nazwanego Maratonem Nadziei, zbierano pieniądze na walkę z rakiem, m.in. na kupno aparatury pozwalającej na wczesne wykrywanie nowotworów podobnych do tego, na jaki zapadł Terry. Do biegu przygotowywał się przez wiele miesięcy, w czasie treningów pokonał ponad 5000 kilometrów i drobiazgowo zaplanował kolejne etapy maratonu. Fox zdołał przebiec ponad 5300 km, zanim postęp choroby zmusił go do zakończenia biegu. Wkrótce potem, w wieku 22 lat, zmarł. Mimo to osiągnął swój cel. Niezwykłe zainteresowanie mediów przyniosło wielką sławę nie tylko jemu, ale także, a właściwie przede wszystkim idei, której się poświęcił – i to było jego największym sukcesem. Dzięki Maratonowi Nadziei zebrano 24 miliony dolarów, a Terry stał się legendą; pośmiertnie uhonorowano go wieloma tytułami i nagrodami, został też obwołany jednym z największych bohaterów Kanady. Do dziś w jego ojczyźnie, USA i Europie organizowane są tzw. Terry Fox Run – biegi, w czasie których zbierane są datki na badania nad nowotworami. Sam biegacz stał się symbolem wytrwałości i determinacji, ikoną walki z rakiem. Terry poznał siebie, swoje możliwości, ograniczenia, silne strony i najgorętsze pragnienia i zdecydował się podążać za nimi. To dało mu spełnienie.

Rozdział 5

Potęga podświadomości

Psychologia od lat bada zagadnienia związane ze **świadomością** i różnymi jej poziomami. Szczególne miejsce znalazła w koncepcji psychoanalizy Zygmunta Freuda[2]. Zaproponował on trzypoziomowy obraz ludzkiej psychiki, gdzie poszczególne strefy są dynamiczne, zmienne i wzajemnie na siebie oddziałujące. Nazwał je: ego, id i superego.

Ego, inaczej „ja" lub „jaźń", to świadoma część naszej psychiki – pamięć, wyobraźnia, plany, marzenia.

Id, zwane także „ono", to podświadomość, nieświadoma energia, impulsy prowokujące nas do działania, stanowi źródło naszych pragnień,

---

[2] Z. Freud, *Wstęp do psychoanalizy*, PWN, 2019.

niepokojów. W nim zawarta jest miłość i popęd seksualny.

Superego czuwa nad naszym postępowaniem i wyborami, na które wpływają wzorce kulturowe, tradycja, wpojone nam normy moralne i będące ich pochodnymi: sumienie oraz poczucie obowiązku.

Skupię się na dwóch pojęciach: świadomości i podświadomości. Szczególnie interesująca wydaje się podświadomość, ponieważ stanowi potężne narzędzie mogące pomóc nam znacząco zmienić swoje życie. Świadomość to stan psychiczny, w którym zdajemy sobie sprawę z procesów wewnętrznych (np. własnych myśli) oraz zjawisk zachodzących w środowisku zewnętrznym i jesteśmy w stanie na nie reagować.

Natomiast **podświadomość** to ta część nas samych, z którą zwykle mamy bardzo słaby kontakt. Mimo to właśnie ona jest odpowiedzialna za większość wydarzeń w naszym życiu. Spotyka nas wszystko, co znajduje się w naszej podświadomości w postaci wyobrażeń. Wyobrażenia te podświadomość składa w całość, pilnie obserwując decyzje, myśli i poczynania naszej świadomości. Tak więc to nasz świadomy umysł wpływa na wyobrażenia naszej podświadomości.

Często nie zdajemy sobie sprawy, w jaki sposób się to odbywa i dlatego za wszystkie nieszczęścia materializujące się w naszym życiu obwiniamy okoliczności zewnętrzne, nie wiedząc, że mamy w tym swój udział. Z drugiej strony podświadomość, jeśli wydamy jej świadomie pewne polecenia, może podsuwać nam gotowe rozwiązania problemów i narzędzia do osiągania celów.

Właściwie zarządzając świadomością, na przykład słuchając tylko autentycznie dobrych rad i zbierając rzetelną wiedzę, możemy wpływać na podświadomość, która automatycznie wykona postanowienia podjęte przez nas świadomie. Świadomość możemy porównać do zarządu firmy, a podświadomość do jej pracowników, którzy realizują zadania wyznaczone przez zarząd. Oczywiście jeśli będziemy zaśmiecali swój umysł szkodliwymi treściami, to dostaną się one także do naszej podświadomości, a ta może zacząć torpedować wszelkie podejmowane przez nas wysiłki.

Jak kierować swoją podświadomością?
Skoro nasze podświadome nastawienie ma tak wielki wpływ na decyzje podejmowane w codziennym życiu, warto poznać metody wpływania na nią. Najpierw ustal jednak, jakie masz nastawienie wobec odkrywania swoich możliwości, wprowadzania zmian, nowości, osiągania celów.

Możliwe, że podświadomie podchodzisz do tego negatywnie i w ten sposób sam skutecznie blokujesz swoje działania.

Może odkryjesz, że nie jesteś w stanie osiągnąć tak upragnionej niezależności finansowej, ponieważ gdzieś w głębi duszy uważasz, że pieniądze są „brudne" i nie wypada o nie zabiegać. Głęboko skrywane kompleksy mogą na przykład uniemożliwić nauczenie się i posługiwanie językiem obcym.

Dlatego też pierwszym krokiem do wyzwolenia jest odkrycie Twojego podświadomego nastawienia do celów i marzeń. Gdy jesteśmy już świadomi własnych negatywnych myśli, zapiszmy je i spójrzmy na nie racjonalnie. Czy mają one jakiekolwiek realne podstawy? Może są błędne i irracjonalne? Czasem, by się z nich oczyścić, potrzeba pomocy psychologa, ale najczęściej jesteśmy w stanie sami uporać się z tymi problemami.

Jak dotrzeć do swojej podświadomości i odpowiednio ją zaprogramować? Najprostszym sposobem jest kontrolowanie treści, które do niej docierają; należy po prostu dopuszczać tylko pozytywne bodźce – to ważne, z kim się kontaktujemy, co czytamy, oglądamy.

☼

Co warto zapamiętać?

Chciałbym, aby ta książka była dla Ciebie jak światełko w tunelu – by pokazała Ci, że powinniśmy mierzyć wysoko i nie osłabiać się poprzez powielanie negatywnych schematów i zniechęcających stereotypów.

Odkrywanie tego, w jaki sposób inni doszli do celu, jak trwali przy swoich postanowieniach, prowadzi do konstatacji, że wrodzony talent jest tylko w niewielkim stopniu odpowiedzialny za sukces. Nie zdolności są tu najważniejsze, lecz raczej motywacja, wewnętrzna siła, która pcha ludzi do przodu i mimo trudności nie pozwala im się poddać. Motywacja do takiego działania pojawia się wtedy, gdy określimy powody, dla których chcemy to robić, mamy wyraźną wizję upragnionego celu.

Bardzo istotne jest też dobre przygotowanie. Jest takie powiedzenie, że jeśli chcesz ściąć drzewo siekierą w ciągu czterech godzin, to trzy z nich musisz poświęcić na ostrzenie siekiery. Obserwując ludzi, którzy wiele osiągnęli, zauważymy, że nigdy nie zaniedbują oni gruntownych przygotowań do realizacji zamierzeń. W tym przypadku spontaniczność nie jest wskazana, nie ma na nią miejsca ani w świecie biznesu, ani w innych sferach zawodowych.

Dlatego jeśli coś postanowisz, najpierw odpowiedz sobie na pytanie, dlaczego tego pragniesz. To zrodzi wewnętrzną motywację. Potem czytaj, zbieraj informacje, analizuj, myśl strategicznie i planuj skrupulatnie swoje działanie.

Zachęcam Cię, byś po przeczytaniu tej książki pomyślał o tym, co możesz zrobić dla siebie, innych, całego świata, uwierzył w siebie i zaczął działać.

Bibliografia

Albright M., Carr C., *Największe błędy menedżerów*, Warszawa 1997.

Allen B.D., Allen W.D., *Formuła 2+2. Skuteczny coaching*, Warszawa 2006.

Anderson Ch., *Za darmo: przyszłość najbardziej radykalnej z cen*, Kraków 2011.

Anthony R., *Pełna wiara w siebie*, Warszawa 2005.

Ariely D., *Zalety irracjonalności. Korzyści z postępowania wbrew logice w domu i pracy*, Wrocław 2010.

Bates W.H., *Naturalne leczenie wzroku bez okularów*, Katowice 2011.

Bettger F., *Jak umiejętnie sprzedawać i zwielokrotnić dochody*, Warszawa 1995.

Blanchard K., Johnson S., *Jednominutowy menedżer*, Konstancin-Jeziorna 1995.

Blanchard K., O'Connor M., *Zarządzanie poprzez wartości*, Warszawa 1998.

Bogacka A.W., *Zdrowie na talerzu*, Białystok 2008.

Bollier D., *Mierzyć wyżej. Historie 25 firm, które osiąg-

nęły sukces, łącząc skuteczne zarządzanie z realizacją misji społecznych, Warszawa 1999.
Bond W.J., *199 sytuacji, w których tracimy czas, i jak ich uniknąć*, Gdańsk 1995.
Bono E. de, *Dziecko w szkole kreatywnego myślenia*, Gliwice 2010.
Bono E. de, *Sześć kapeluszy myślowych*, Gliwice 2007.
Bono E. de, *Sześć ram myślowych*, Gliwice 2009.
Bono E. de, *Wodna logika. Wypłyń na szerokie wody kreatywności*, Gliwice 2011.
Bossidy L., Charan R., *Realizacja. Zasady wprowadzania planów w życie*, Warszawa 2003.
Branden N., *Sześć filarów poczucia własnej wartości*, Łódź 2010.
Branson R., *Zaryzykuj – zrób to! Lekcje życia*, Warszawa-Wesoła 2012.
Brothers J., Eagan E, *Pamięć doskonała w 10 dni*, Warszawa 2000.
Buckingham M., *To jedno, co powinieneś wiedzieć... o świetnym zarządzaniu, wybitnym przywództwie i trwałym sukcesie osobistym*, Warszawa 2006.
Buckingham M., *Wykorzystaj swoje silne strony. Użyj dźwigni swojego talentu*, Waszawa 2010
Buckingham M., Clifton D.O., *Teraz odkryj swoje silne strony*, Warszawa 2003.

Butler E., Pirie M., *Jak podwyższyć swój iloraz inteligencji?*, Gdańsk 1995.

Buzan T., *Mapy myśli*, Łódź 2008.

Buzan T., *Pamięć na zawołanie*, Łódź 1999.

Buzan T., *Podręcznik szybkiego czytania*, Łódź 2003.

Buzan T., *Potęga umysłu. Jak zyskać sprawność fizyczną i umysłową: związek umysłu i ciała*, Warszawa 2003.

Buzan T., Dottino T., Israel R., *Zwykli ludzie – liderzy. Jak maksymalnie wykorzystać kreatywność pracowników*, Warszawa 2008.

Carnegie D., *I ty możesz być liderem*, Warszawa 1995.

Carnegie D., *Jak przestać się martwić i zacząć żyć*, Warszawa 2011.

Carnegie D., *Jak zdobyć przyjaciół i zjednać sobie ludzi*, Warszawa 2011.

Carnegie D., *Po szczeblach słowa. Jak stać się doskonałym mówcą i rozmówcą*, Warszawa 2009.

Carnegie D., Crom M., Crom J.O., *Szkoła biznesu. O pozyskiwaniu klientów na zawsze*, Waszrszawa 2003

Cialdini R., *Wywieranie wpływu na ludzi*, Gdańsk 1998.

Clegg B., *Przyspieszony kurs rozwoju osobistego*, Warszawa 2002.

Cofer C.N., Appley M.H., *Motywacja: teoria i badania*, Warszawa 1972.

Cohen H., *Wszystko możesz wynegocjować. Jak osiągnąć to, co chcesz*, Warszawa 1997. r Covey S.R., 3. rozwiązanie, Poznań 2012.

Covey S.R., *7 nawyków skutecznego działania*, Poznań 2007.

Covey S.R., *8. nawyk*, Poznań 2006.

Covey S.R., Merrill A.R., Merrill R.R., *Najpierw rzeczy najważniejsze*, Warszawa 2007.

Craig M., *50 najlepszych (i najgorszych) interesów w historii biznesu*, Warszawa 2002.

Csikszentmihalyi M., *Przepływ: psychologia optymalnego doświadczenia*, Wrocław 2005

Davis R.C., Lindsmith B., *Ludzie renesansu: umysły, które ukształtowały erę nowożytną*, Poznań 2012

Davis R.D., Braun E.M., *Dar dysleksji. Dlaczego niektórzy zdolni ludzie nie umieją czytać i jak mogą się nauczyć*, Poznań 2001.

Dearlove D., *Biznes w stylu Richarda Bransona. 10 tajemnic twórcy megamarki*, Gdańsk 2009.

DeVos D., *Podstawy wolności. Wartości decydujące o sukcesie jednostek i społeczeństw*, Konstancin-Jeziorna 1998.

DeVos R.M., Conn Ch.P., *Uwierz! Credo człowieka czynu, współzałożyciela Amway Corporation, hołdującego zasadom, które uczyniły Amerykę wielką*, Warszawa 1994.

Dixit A.K., Nalebuff B.J., *Myślenie strategiczne. Jak zapewnić sobie przewagę w biznesie, polityce i życiu prywatnym*, Gliwice 2009.

Dixit A.K., Nalebuff B.J., *Sztuka strategii. Teoria gier w biznesie i życiu prywatnym*, Warszawa 2009.

Dobson J., *Jak budować poczucie wartości w swoim dziecku*, Lublin 1993.

Doskonalenie strategii (seria *Harvard Bussines Review*), praca zbiorowa, Gliwice 2006.

Dryden G., Vos J., *Rewolucja w uczeniu*, Poznań 2000.

Dyer W.W., *Kieruj swoim życiem*, Warszawa 2012.

Dyer W.W., *Pokochaj siebie*, Warszawa 2008.

Edelman R.C., Hiltabiddle T.R., Manz Ch.C., *Syndrom miłego człowieka*, Gliwice 2010.

Eichelberger W., Forthomme P., Nail F., *Quest. Twoja droga do sukcesu. Nie ma prostych recept na sukces, ale są recepty skuteczne*, Warszawa 2008.

Enkelmann N.B., *Biznes i motywacja*, Łódź 1997.

Eysenck H. i M., *Podpatrywanie umysłu. Dlaczego ludzie zachowują się tak, jak się zachowują?*, Gdańsk 1996.

Ferriss T., *4-godzinny tydzień pracy. Nie bądź płatnym niewolnikiem od 7.00 do 17.00*, Warszawa 2009.

Flexner J.T., Waschington. *Człowiek niezastąpiony*, Warszawa 1990.

Forward S., Frazier D., *Szantaż emocjonalny: jak obronić się przed manipulacją i wykorzystaniem*, Gdańsk 2011.

Frankl V.E., *Człowiek w poszukiwaniu sensu*, Warszawa 2009.

Fraser J.F., *Jak Ameryka pracuje*, Przemyśl 1910.

Freud Z., *Wstęp do psychoanalizy*, Warszawa 1994.

Fromm E., *Mieć czy być*, Poznań 2009.

Fromm E., *Niech się stanie człowiek. Z psychologii etyki*, Warszawa 2005.

Fromm E., *O sztuce miłości*, Poznań 2002.

Fromm E., *O sztuce słuchania. Terapeutyczne aspekty psychoanalizy*, Warszawa 2002.

Fromm E., *Serce człowieka. Jego niezwykła zdolność do dobra i zła*, Warszawa 2000.

Fromm E., *Ucieczka od wolności*, Warszawa 2001.

Fromm E., *Zerwać okowy iluzji*, Poznań 2000.

Galloway D., *Sztuka samodyscypliny*, Warszawa 1997.

Gardner H., *Inteligencje wielorakie – teoria w praktyce*, Poznań 2002.

Gawande A., *Potęga checklisty: jak opanować chaos i zyskać swobodę w działaniu*, Kraków 2012.

Gelb M.J., *Leonardo da Vinci odkodowany*, Poznań 2005.

Gelb M.J., Miller Caldicott S., *Myśleć jak Edison*, Poznań 2010.

Gelb M.J., *Myśleć jak geniusz*, Poznań 2004.

Gelb M.J., *Myśleć jak Leonardo da Vinci*, Poznań 2001.

Giblin L., *Umiejętność postępowania z innymi...*, Kraków 1993.

Girard J., Casemore R., *Pokonać drogę na szczyt*, Warszawa 1996.

Glass L., *Toksyczni ludzie*, Poznań 1998.

Godlewska M., *Jak pokonałam raka*, Białystok 2011.

Godwin M., *Kim jestem? 101 dróg do odkrycia siebie*, Warszawa 2001.

Goleman D., *Inteligencja emocjonalna*, Poznań 2002.

Gordon T., *Wychowywanie bez porażek szefów, liderów, przywódców*, Warszawa 1996.

Gorman T., *Droga do skutecznych działań. Motywacja*, Gliwice 2009.

Gorman T., *Droga do wzrostu zysków. Innowacja*, Gliwice 2009.

Greenberg H., Sweeney P., *Jak odnieść sukces i rozwinąć swój potencjał*, Warszawa 2007.

Habeler P., Steinbach K., *Celem jest szczyt*, Warszawa 2011.

Hamel G., Prahalad C.K., *Przewaga konkurencyjna jutra*, Warszawa 1999.

Hamlin S., *Jak mówić, żeby nas słuchali*, Poznań 2008.

Hill N., *Klucze do sukcesu*, Warszawa 1998.

Hill N., *Magiczna drabina do sukcesu*, Warszawa 2007.

Hill N., *Myśl!... i bogać się. Podręcznik człowieka interesu*, Warszawa 2012.

Hill N., *Początek wielkiej kariery*, Gliwice 2009.

Ingram D.B., Parks J.A., *Etyka dla żółtodziobów, czyli wszystko, co powinieneś wiedzieć o...*, Poznań 2003.

Jagiełło J., Zuziak W. [red.], *Człowiek wobec wartości*, Kraków 2006.

James W., *Pragmatyzm*, Warszawa 2009.

Jamruszkiewicz J., *Kurs szybkiego czytania*, Chorzów 2002.

Johnson S., *Tak czy nie. Jak podejmować dobre decyzje*, Konstancin-Jeziorna 1995.

Jones Ch., *Życie jest fascynujące*, Konstancin-Jeziorna 1993.

Kanter R.M., *Wiara w siebie. Jak zaczynają się i kończą dobre i złe passy*, Warszawa 2006.

Keller H., *Historia mojego życia*, Warszawa 1978.

Kirschner J., *Zwycięstwo bez walki. Strategie przeciw agresji*, Gliwice 2008.

Koch R., *Zasada 80/20. Lepsze efekty mniejszym nakładem sił i środków*, Konstancin--Jeziorna 1998.

Kopmeyer M.R., *Praktyczne metody osiągania sukcesu*, Warszawa 1994.

Ksenofont, *Cyrus Wielki. Sztuka zwyciężania*, Warszawa 2008.

Kuba A., Hausman J., *Dzieje samochodu*, Warszawa 1973.

Kumaniecki K., *Historia kultury starożytnej Grecji i Rzymu*, Warszawa 1964.

Lamont G., *Jak podnieść pewność siebie*, Łódź 2008.

Leigh A., Maynard M., *Lider doskonały*, Poznań 1999.

Littauer F., *Osobowość plus*, Warszawa 2007.

Loreau D., *Sztuka prostoty*, Warszawa 2009.

Lott L., Intner R., Mendenhall B., *Autoterapia dla każdego. Spróbuj w osiem tygodni zmienić swoje życie*, Warszawa 2006.

Maige Ch., Muller J.-L., *Walka z czasem. Atut strategiczny przedsiębiorstwa*, Warszawa 1995.

Mansfield P., *Jak być asertywnym*, Poznań 1994.

Martin R., *Niepokorny umysł. Poznaj klucz do myślenia zintegrowanego*, Gliwice 2009.

Maslow A., *Motywacja i osobowość*, Warszawa 2009.

Matusewicz Cz., *Wprowadzenie do psychologii*, Warszawa 2011.

Maxwell J.C., *21 cech skutecznego lidera*, Warszawa 2012.

Maxwell J.C., *Tworzyć liderów, czyli jak wprowadzać innych na drogę sukcesu*, Konstancin-Jeziorna 1997.

Maxwell J.C., *Wszyscy się komunikują, niewielu potrafi się porozumieć*, Warszawa 2011.

McCormack M.H., *O zarządzaniu*, Warszawa 1998.

McElroy K., *Jak inwestować w nieruchomości. Znajdź ukryte zyski, których większość inwestorów nie dostrzega*, Osielsko 2008.

McGee P., *Pewność siebie. Jak mała zmiana może zrobić wielką różnicę*, Gliwice 2011.

McGrath H., Edwards H., *Trudne osobowości. Jak radzić sobie ze szkodliwymi zachowaniami innych oraz własnymi*, Poznań 2010.

Mellody P., Miller A.W., Miller J.K., *Toksyczna miłość i jak się z niej wyzwolić*, Warszawa 2013.

Melody B., *Koniec współuzależnienia*, Poznań 2002.

Miller M., *Style myślenia*, Poznań 2000.

Mingotaud F., *Sprawny kierownik. Techniki osiągania sukcesów*, Warszawa 1994.

MJ DeMarco, *Fastlane milionera*, Katowice 2012.

Morgenstern J., *Jak być doskonale zorganizowanym*, Warszawa 2000.

Nay W.R., *Związek bez gniewu. Jak przerwać błędne koło kłótni, dąsów i cichych dni*, Warszawa 2011.

Nierenberg G.I., *Ekspert. Czy nim jesteś?*, Warszawa 2001.

Ogger G., *Geniusze i spekulanci, Jak rodził się kapitalizm*, Warszawa 1993.

Osho, *Księga zrozumienia. Własna droga do wolności*, Warszawa 2009.

Parkinson C.N., *Prawo pani Parkinson*, Warszawa 1970.

Peale N.V., *Entuzjazm zmienia wszystko. Jak stać się zwycięzcą*, Warszawa 1996.

Peale N.V., *Możesz, jeśli myślisz, że możesz*, Warszawa 2005.

Peale N.V., *Rozbudź w sobie twórczy potencjał*, Warszawa 1997.

Peale N.V., *Uwierz i zwyciężaj. Jak zaufać swoim myślom i poczuć pewność siebie*, Warszawa 1999.

Pietrasiński Z., *Psychologia sprawnego myślenia*, Warszawa 1959.

Pilikowski J., *Podróż w świat etyki*, Kraków 2010.

Pink D.H., *Drive*, Warszawa 2011.

Pirożyński M., *Kształcenie charakteru*, Poznań 1999.

Pismo Święte Starego i Nowego Testamentu. Biblia Tysiąclecia, Warszawa 2002.

Pismo Święte w Przekładzie Nowego Świata, 1997.

Popielski K., *Psychologia egzystencji. Wartości w życiu*, Lublin 2009.

Poznaj swoją osobowość, Bielsko-Biała 1996.

Przemieniecki J., *Psychologia jednostki. Odkoduj szyfr do swego umysłu*, Warszawa 2008.

Pszczołowski T., *Umiejętność przekonywania i dyskusji*, Gdańsk 1998.

Reiman T., *Potęga perswazyjnej komunikacji*, Gliwice 2011.

Robbins A., *Nasza moc bez granic. Skuteczna metoda osiągania życiowych sukcesów za pomocą NLP*, Konstancin-Jeziorna 2009.

Robbins A., *Obudź w sobie olbrzyma… i miej wpływ na całe swoje życie – od zaraz*, Poznań 2002.

Robbins A., *Olbrzymie kroki*, Warszawa 2001.

Robert M., *Nowe myślenie strategiczne: czyste i proste*, Warszawa 2006.

Robinson J.W., *Imperium wolności. Historia Amway Corporation*, Warszawa 1997.

Rose C., Nicholl M.J., *Ucz się szybciej, na miarę XXI wieku*, Warszawa 2003.
Rose N., *Winston Churchill. Życie pod prąd*, Warszawa 1996.
Rychter W., *Dzieje samochodu*, Warszawa 1962.
Ryżak Z., *Zarządzanie energią kluczem do sukcesu*, Warszawa 2008.
Savater F., *Etyka dla syna*, Warszawa 1996.
Schäfer B., *Droga do finansowej wolności. Pierwszy milion w ciągu siedmiu lat*, Warszawa 2011.
Schäfer B., *Zasady zwycięzców*, Warszawa 2007.
Scherman J.R., *Jak skończyć z odwlekaniem i działać skutecznie*, Warszawa 1995.
Schuller R.H., *Ciężkie czasy przemijają, bądź silny i przetrwaj je*, Warszawa 1996.
Schwalbe B., Schwalbe H., Zander E., *Rozwijanie osobowości. Jak zostać sprzedawcą doskonałym*, tom 2, Warszawa 1994.
Schwartz D.J., *Magia myślenia kategoriami sukcesu*, Konstancin-Jeziorna 1994.
Schwartz D.J., *Magia myślenia na wielką skalę. Jak zaprząc duszę i umysł do wielkich osiągnięć*, Warszawa 2008.
Scott S.K., *Notatnik milionera. Jak zwykli ludzie mogą osiągać niezwykłe sukcesy*, Warszawa 1997.
Sedlak K. [red.], *Jak poszukiwać i zjednywać najlepszych pracowników*, Kraków 1995.

Seiwert L.J., *Jak organizować czas*, Warszawa 1998.

Seligman M.E.P., *Co możesz zmienić, a czego nie możesz*, Poznań 1995.

Seligman M.E.P., *Pełnia życia*, Poznań 2011.

Seneka, *Myśli*, Kraków 1989.

Sewell C., Brown P.B., *Klient na całe życie, czyli jak przypadkowego klienta zmienić w wiernego entuzjastę naszych usług*, Warszawa 1992.

Słownik pisarzy antycznych, Warszawa 1982.

Smith A., *Umysł*, Warszawa 1989.

Spector R., *Amazon.com. Historia przedsiębiorstwa, które stworzyło nowy model biznesu*, Warszawa 2000.

Spence G., *Jak skutecznie przekonywać... wszędzie i każdego dnia*, Poznań 2001.

Sprenger R.K., *Zaufanie # 1*, Warszawa 2011.

Staff L., *Michał Anioł*, Warszawa 1990.

Stone D.C., *Podążaj za swymi marzeniami*, Konstancin-Jeziorna 1998.

Swiet J., *Kolumb*, Warszawa 1979.

Szurawski M., *Pamięć. Trening interaktywny*, Łódź 2004.

Szyszkowska M., *W poszukiwaniu sensu życia*, Warszawa 1997.

Tatarkiewicz W., *O szczęściu*, Warszawa 1979.

Tavris C., Aronson E., *Błądzą wszyscy (ale nie ja)*, Sopot-Warszawa 2008.

Tracy B., *Milionerzy z wyboru. 21 tajemnic sukcesu*, Warszawa 2002.
Tracy B., *Plan lotu. Prawdziwy sekret sukcesu*, Warszawa 2008.
Tracy B., Scheelen F.M., *Osobowość lidera*, Warszawa 2001.
Tracy B., *Sztuka zatrudniania najlepszych. 21 praktycznych i sprawdzonych technik do wykorzystania od zaraz*, Warszawa 2006.
Tracy B., *Turbostrategia. 21 skutecznych sposobów na przekształcenie firmy i szybkie zwiększenie zysków*, Warszawa 2004.
Tracy B., *Zarabiaj więcej i awansuj szybciej. 21 sposobów na przyspieszenie kariery*, Warszawa 2007.
Tracy B., *Zarządzanie czasem*, Warszawa 2008.
Tracy B., *Zjedz tę żabę. 21 metod podnoszenia wydajności w pracy i zwalczania skłonności do zwlekania*, Warszawa 2005.
Twentier J.D., *Sztuka chwalenia ludzi*, Warszawa 1998.
Urban H., *Moc pozytywnych słów*, Warszawa 2012.
Ury W., *Odchodząc od nie. Negocjowanie od konfrontacji do kooperacji*, Warszawa 2000.
Vitale J., Klucz do sekretu. *Przyciągnij do siebie wszystko, czego pragniesz*, Gliwice 2009.
Waitley D., *Być najlepszym*, Warszawa 1998.
Waitley D., *Imperium umysłu*, Konstancin-Jeziorna 1997.

Waitley D., *Podwójne zwycięstwo*, Warszawa 1996.

Waitley D., *Sukces zależy od właściwego momentu*, Warszawa 1997.

Waitley D., Tucker R.B., *Gra o sukces. Jak zwyciężać w twórczej rywalizacji*, Warszawa 1996.

Walton S., Huey J., *Sam Walton. Made in America*, Warszawa 1994.

Waterhouse J., Minors D., Waterhouse M., *Twój zegar biologiczny. Jak żyć z nim w zgodzie*, Warszawa 1993.

Wegscheider-Cruse S., *Poczucie własnej wartości. Jak pokochać siebie*, Gdańsk 2007.

Wilson P., *Idealna równowaga. Jak znaleźć czas i sposób na pełnię życia*, Warszawa 2010.

Ziglar Z., *Do zobaczenia na szczycie*, Warszawa 1995.

Ziglar Z., *Droga na szczyt*, Konstancin-Jeziorna 1995.

Ziglar Z., *Ponad szczytem*, Warszawa 1995.

O autorze

Andrzej Moszczyński od 30 lat aktywnie zajmuje się działalnością biznesową. Jego główną kompetencją jest tworzenie skutecznych strategii dla konkretnych obszarów biznesu.

W latach 90. zdobywał doświadczenie w branży reklamowej – był prezesem i założycielem dwóch spółek z o.o. Zatrudniał w nich ponad 40 osób. Spółki te były liderami w swoich branżach, głównie w reklamie zewnętrznej – tranzytowej (reklamy na tramwajach, autobusach i samochodach). W 2001 r. przejęciem pakietów kontrolnych w tych spółkach zainteresowały się dwie firmy: amerykańska spółka giełdowa działająca w ponad 30 krajach, skupiająca się na reklamie radiowej i reklamie zewnętrznej oraz największy w Europie fundusz inwestycyjny. W 2003 r. Andrzej sprzedał udziały w tych spółkach inwestorom strategicznym.

W latach 2005-2015 był prezesem i założycielem spółki, która zajmowała się kompleksową komercjalizacją liderów rynku deweloperskiego (firma w sumie sprzedała ponad 1000 mieszkań oraz 350 apartamentów hotelowych w systemie condo).

W latach 2009-2018 był akcjonariuszem strategicznym oraz przewodniczącym rady nadzorczej fabryki urządzeń okrętowych Expom SA. Spółka ta zasięgiem działania obejmuje cały świat, dostarczając urządzenia (w tym dźwigi i żurawie) dla branży morskiej. W 2018 r. sprzedał pakiet swoich akcji inwestorowi branżowemu.

W 2014 r. utworzył w USA spółkę LLC, która działa w branży wydawniczej. W ciągu 14 lat (poczynając od 2005 r.) napisał w sumie 22 kieszonkowe poradniki z dziedziny rozwoju kompetencji miękkich – obszaru, który ma między innymi znaczenie strategiczne dla budowania wartości niematerialnych i prawnych przedsiębiorstw. Poradniki napisane przez Andrzeja koncentrują się na przekazaniu wiedzy o wartościach i rozwoju osobowości – czynnikach odpowiedzialnych za prowadzenie dobrego życia, bycie spełnionym i szczęśliwym.

Andrzej zdobywał wiedzę z dziedziny budowania wartości firm oraz tworzenia skutecznych strategii przy udziale następujących instytucji: Ernst & Young, Gallup Institute, PricewaterhouseCoopers (PwC) oraz Harward Business Review. Jego kompetencje można przyrównać do pracy **stroiciela instrumentu.**

Kiedy miał 7 lat, mama zabrała go do szkoły muzycznej, aby sprawdzić, czy ma talent. Przeszedł test pozytywnie – okazało się, że może rozpocząć edukację muzyczną. Z różnych powodów to nie nastąpiło. Często jednak w jego książkach czy wykładach można usłyszeć bądź przeczytać przykłady związane ze światem muzyki.

Dlaczego można przyrównać jego kompetencje do pracy stroiciela na przykład fortepianu? Stroiciel udoskonala fortepian, aby jego dźwięk był idealny. Każdy fortepian ma swój określony potencjał mierzony jakością dźwięku – dźwięku, który urzeka i wprowadza ludzi w stan relaksu, a może nawet pozytywnego ukojenia. Podobnie jak stroiciel Andrzej udoskonala różne procesy – szczególnie te, które dotyczą relacji z innymi ludźmi. Wierzy, że ludzie posiadają mechanizm psychologiczny, który można symbolicznie przyrównać do **mentalnego żyroskopu** czy **mentalnego noktowizora**. Rola Andrzeja polega na naprawieniu bądź wprowadzeniu w ruch tych „urządzeń".

Żyroskop jest urządzeniem, które niezależnie od komplikacji pokazuje określony kierunek. Tego typu urządzenie wykorzystywane jest na statkach i w samolotach. Andrzej jest przekonany, że rozwijanie **koncentracji i wyobraźni** prowadzi do włączenia naszego mentalnego żyroskopu. Dzięki temu możemy między innymi znajdować skuteczne rozwiązania skomplikowanych wyzwań.

Noktowizor to wyjątkowe urządzenie, które umożliwia widzenie w ciemności. Jest wykorzystywane przez wojsko, służby wywiadowcze czy myśliwych. Życie Andrzeja ukierunkowane jest na badanie tematu źródeł wewnętrznej motywacji – siły skłaniającej do działania, do przejawiania inicjatywy, do podejmowania wyzwań, do wchodzenia w obszary zupełnie nieznane. Andrzej ma przekonanie, że rozwijanie **poczucia własnej wartości** prowadzi do włączenia naszego mentalnego noktowizora. Bez optymalnego poczucia własnej wartości życie jest ciężarem.

W swojej pracy Andrzej koncentruje się na procesach podnoszących jakość następujących obszarów: właściwe interpretowanie zdarzeń, wyciąganie wniosków z analizy porażek oraz sukcesów, formułowanie właściwych pytań, a także korzystanie z wyobraźni w taki sposób, aby przewidywać swoją przyszłość, co łączy się bezpośrednio z umiejętnością strategicznego myślenia. Umiejętności te pomagają rozumieć mechanizmy wywierania wpływu przez inne osoby i umożliwiają niepoddawanie się wszechobecnej indoktrynacji. Kiedy mentalny noktowizor działa poprawnie, przekazuje w odpowiednim czasie sygnały ostrzegające, że ktoś posługuje się manipulacją, aby osiągnąć swoje cele.

Andrzej posiada również doświadczenie jako prelegent, co związane jest z jego zaangażowaniem w działania społeczne. W ostatnich 30 latach był zapraszany do udziału w różnych szkoleniach i seminariach, zgromadzeniach czy kongresach – w sumie jako mówca wystąpił ponad 700 razy. Jego przemówienia i wykłady znane są z inspirujących przykładów i zachęcających pytań, które mobilizują słuchaczy do działania.

Opinie o książce

Małe dziecko przychodzi na świat bez instrukcji obsługi, o czym boleśnie przekonują się kolejne pokolenia młodych rodziców. A jednak mimo tej pozornej przeszkody ludzkość była i jest w stanie poradzić sobie z tym wyzwaniem. Jak? Młodzi rodzice szybko uczą się – głównie metodą prób i błędów – jak zaspokajać potrzeby swojego dziecka. Rodzicielstwo to ciekawa mieszanka zaufania do własnej intuicji, pomocy bliskich i odwołania do wiedzy ekspertów. To nie stały zestaw umiejętności, które ujawniają się w chwili narodzin dziecka, lecz raczej proces nabywania nowych umiejętności dostosowanych do potrzeb i rozwoju własnych pociech.

Nie inaczej jest w przypadku rozpoznania swoich talentów i wykorzystania ich w codziennym życiu. Nie są to zdolności, jakie nabywa się po przeczytaniu jednej książki lub uczestniczeniu w weekendowych warsztatach, lecz raczej droga, na którą się wchodzi świadomie i którą podąża przez resztę życia. Wybierając się w podróż, zwykle pakujemy ze sobą przewodnik i mapę, dlatego też podczas podróży do własnego wnętrza także warto sięgnąć po jakiś przewodnik. Seria książek autorstwa Andrzeja Moszczyńskiego jest właśnie takim przewodnikiem, zawierającym cenne podpowiedzi oraz techniki odkrywania i wykorzystywania swoich talentów. Autor nie stawia się w pozycji eksperta wiedzącego lepiej, co jest dla nas dobre, lecz raczej doradcy odwołującego się szeroko do filozofii, literatury, współczesnych technik doskonalenia osobowości i własnych doświadczeń. Zdecydowanymi mocnymi stronami tej serii są przykłady z życia ilustrujące prezentowane zagadnienia oraz bogata bibliografia służąca jako punkt do dalszych poszukiwań dla wszystkich zainteresowanych doskonaleniem osobowości. Uważam, że seria ta będzie pomocna dla każdego zainteresowanego świadomym życiem i rozwojem osobistym.

Ania Bogacka
Editorial Consultant and Life Coach

* * *

Na rynku książek wybór poradników jest ogromny, ale wśród tego ogromu istnieją jasne punkty, w oparciu o które można kierować swoim życiem tak, by osiągnąć spełnienie. Samorealizacja jest osiągana poprzez mądrość i świadomość. To samo sprawia, że książki Andrzeja Moszczyńskiego są tak użyteczne i podnoszące na duchu. Dzielenie się mądrością w formie przykładów wielu historycznych postaci oświetla drogę w tej kluczowej podróży. Każda z książek Andrzeja jest kompletna sama w sobie, jednak wszystkie razem stanowią zestaw narzędzi, przy pomocy których każdy z nas może ulepszyć umysł i serce, aby ostatecznie przyjąć proaktywną i współczującą postawę wobec życia. Jako osoba, która badała i edytowała wiele tekstów z filozofii i duchowości, mogę z entuzjazmem polecić tę książkę.

Lawrence E. Payne

Dodatek

Cytaty, które pomagały autorowi napisać tę książkę

Na temat rozwoju

Przeznaczeniem człowieka jest jego charakter.

Heraklit z Efezu

Osobowość kształtuje się nie poprzez piękne słowa, lecz pracą i własnym wysiłkiem.

Albert Einstein

Na temat nastawienia do życia

Jeśli jesteś nieszczęśliwy, to dlatego, że cały czas myślisz raczej o tym, czego nie masz, zamiast koncentrować się na tym, co masz w danej chwili.

Anthony de Mello

W końcu, bracia, wszystko, co jest prawdziwe, co godne, co sprawiedliwe, co czyste, co miłe, co zasługuje na uznanie: jeśli jest jakąś cnotą i czynem chwalebnym – to miejcie na myśli.

List do Filipian 4:8

Na temat szczęścia

Ludzie są na tyle szczęśliwi, na ile sobie pozwolą nimi być.

Abraham Lincoln

Więcej szczęścia jest w dawaniu aniżeli w braniu.

Dz 20:35

Na temat poczucia własnej wartości

Bez Twojego pozwolenia nikt nie może sprawić, że poczujesz się gorszy.

Eleanor Roosevelt

Na temat możliwości człowieka

Nie ma rzeczy niemożliwych, są tylko te trudniejsze do wykonania.

Henry Ford

Gdybyśmy robili wszystkie rzeczy, które jesteśmy w stanie zrobić, wprawilibyśmy się w ogromne zdumienie.

Thomas Edison

Na temat poznawania siebie

Najpierw sami tworzymy własne nawyki, potem nawyki tworzą nas.

John Dryden

Na temat wiary w siebie

Człowiek, który zyska i zachowa władzę nad sobą, dokona rzeczy największych i najtrudniejszych.

Johann Wolfgang von Goethe

Ludzie potrafią, gdy sądzą, że potrafią.

Wergiliusz

Na temat wnikliwości

Prawdę należy mówić tylko temu, kto chce jej słuchać.

Seneka Starszy

Język mądrych jest lekarstwem.

Księga Przysłów 12:18

Na temat wytrwałości

Nic na świecie nie zastąpi wytrwałości. Nie zastąpi jej talent – nie ma nic powszechniejszego niż ludzie utalentowani, którzy nie odniosą sukcesów. Nie uczyni niczego sam geniusz – nienagradzany geniusz to już prawie przysłowie. Nie uczyni niczego też samo wykształcenie – świat jest pełen ludzi wykształconych, o których zapomniano. Tylko wytrwałość i determinacja są wszechmocne.

John Calvin Coolidge

Możemy zrealizować każde zamierzenie, jeśli potrafimy trwać w nim wystarczająco długo.

Helen Keller

Tak samo, jak pojedynczy krok nie tworzy ścieżki na ziemi, tak pojedyncza myśl nie stworzy ścieżki w Twoim umyśle. Prawdziwa ścieżka powstaje, gdy chodzimy po niej wielokrotnie. Aby stworzyć głęboką ścieżkę mentalną, potrzebne jest wielokrotne powtarzanie myśli, które mają zdominować nasze życie.

Napoleon Bonaparte

Na temat entuzjazmu

Tylko przykład jest zaraźliwy.

Lope de Vega

Na temat odwagi

Życie albo jest śmiałą przygodą, albo nie jest życiem. Nie lękać się zmian, a w obliczu kapryśności losu zachowywać hart ducha – oto siła nie do pokonania.

Helen Keller

Silny jest ten, kto potrafi przezwyciężyć swe szkodliwe przyzwyczajenia.

Benjamin Franklin

Życie jest przygodą dla odważnych albo niczym.

Helen Keller

Na temat realizmu

Kto z was, chcąc zbudować wieżę, nie usiądzie wpierw i nie obliczy wydatków, czy ma na jej wykończenie.

Ew. Łukasza 14:28

Pesymista szuka przeciwności w każdej okazji, optymista widzi okazje w każdej przeciwności.

Winston Churchill

Dajcie mi odpowiednio długą dźwignię i wystarczająco mocną podporę, a sam poruszę cały glob.

Archimedes

OFERTA WYDAWNICZA
Andrew Moszczynski Group sp. z o.o.

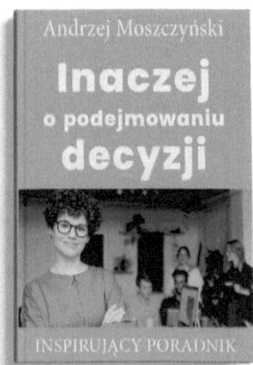

www.ingramcontent.com/pod-product-compliance
Lightning Source LLC
LaVergne TN
LVHW040108080526
838202LV00045B/3817